What's in this book

This book belongs to

T0351527

_____

1 Learn about Pinyin 拼音知多少

Pinyin 拼音
拼音又叫汉语拼音。它根据普通话的发音来标注汉字的读音。

1 **What is Pinyin? Do you know? Learn about it.**

一个拼音音节通常对应不止一个汉字。例如，发音为 yīn 的汉字有"音"、"因"、"阴"等。

WǑ
我
I

Pinyin

拼音主要用来标记汉字读音，本身不是文字，不带任何意义。

Chinese character

中国人在日常书写中使用的文字是汉字。

'Pinyin' means spelt sounds. It shows the pronunciation of Chinese characters.

拼音音节一般由声母、韵母和声调组成。有的音节没有声母或声调，在后面的学习中会学到。

tone

consonant → WǑ ← vowel

2 **Colour the apples with Pinyin red.**

十　　红色
tā
cat
jump
红色
nǐ
天
红色
hē
不
old

Consonants and vowels 声母和韵母

1 **Look and listen.** 听完录音后，老师问问学生拼音字母和英文字母的组成和发音是否一样。告诉学生，拼音的声母和韵母也由26个字母组合而成，除了v被ü取代，其他字母都与英文字母一样。但是声母和韵母的发音与英文字母就有所不同。

Consonants (23)

b	p	m	f	d	t	n		l
g	k	h	j	q	x			
zh	ch	sh	r	z	c	s		
y	w							

Vowels (24)

a	o	e	i	u	ü			
ai	ei	ui	ao	ou	iu	ie	üe	er
an	en	in	un	ün				
ang	eng	ing	ong					

2 **Colour the fish with consonants purple and the ones with vowels green.** 提醒学生对照第1题的列表做题。

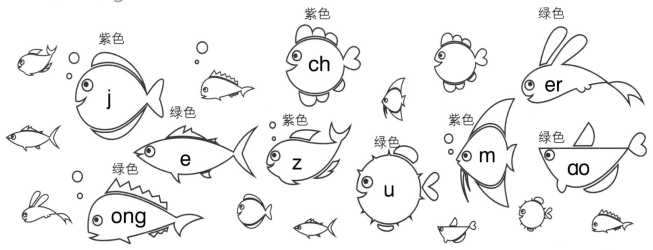

Tones 声调

拼音有四个声调。在特殊情况下，一些字会发又短又轻的轻声。以同样的字母组成的拼音音节通常都不止一个声调。不同声调的拼音音节对应的汉字也不同。

🎧 02 ① Learn the tones of Pinyin. 学生一边跟读儿歌，一边配合儿歌内容，跟随老师用手在空中比划声调。

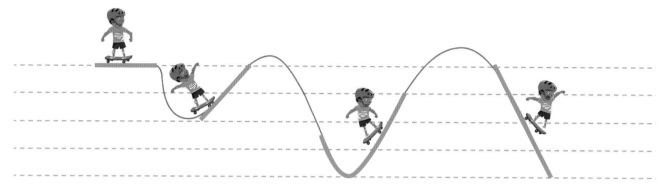

The first tone (ˉ) is high and flat,
The second tone (´) goes up and up,
The third tone (ˇ) falls and rises again,
The fourth tone (`) is like rushing down a slope!
And there is a neutral tone,
Say it quick and say it light!

Say the chant!

学生一边跟读下方拼音，一边模仿上方的声调图，用手在空中比划声调。

mā	má	mǎ	mà	ma
妈	麻	马	骂	吗
(mum)	(numbing, burning)	(horse)	(to scold)	(question word)

学生跟老师读"你好吗？"并对比"你好，妈。"的读音，以更好地理解轻声 ma 的发音。

🎧 03 ② Listen, repeat the Pinyin syllables and draw their tones with your finger.

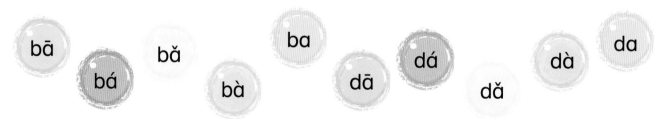

bā   bǎ   ba   da
bá   bà   dā   dá   dà
dǎ

2 Learn and practise 学学练练

Single vowels 单韵母 这六个单韵母都是元音。

🎧 04 **1** Learn the single vowels and read them in the different tones.

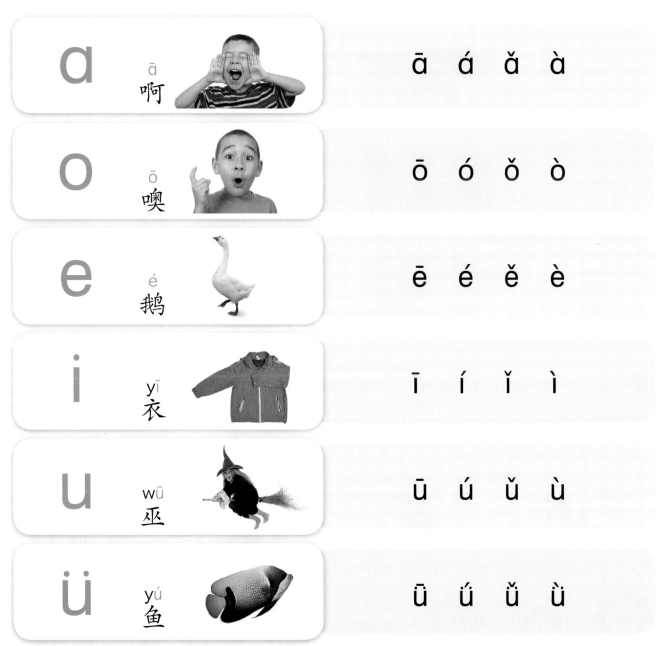

a ā 啊		ā á ǎ à
o ō 噢		ō ó ǒ ò
e é 鹅		ē é ě è
i yī 衣		ī í ǐ ì
u wū 巫		ū ú ǔ ù
ü yú 鱼		ǖ ǘ ǚ ǜ

2 Listen to your teacher and point to the single vowels above.
让学生一边听，一边仔细留意老师的口型，体会这六个单韵母的发音特点。

Consonants 声母 (1)

05

1 Learn the consonants and spell the Pinyin syllables on the building blocks.

在拼读下方的拼音时，应该用声母的本音，同时把相拼的韵母和声调一起念出来，中间不要有停顿。注意区分 b 和 p 的发音，其中 p 发音时嘴巴有气流出来，而 b 没有。

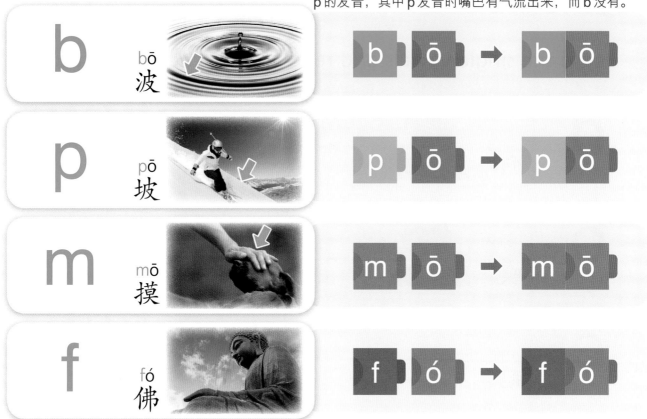

bō 波

pō 坡

mō 摸

fó 佛

b + ō → b ō

p + ō → p ō

m + ō → m ō

f + ó → f ó

2 Listen to your teacher and draw lines to match the consonants to the vowels. Combine them to form Pinyin syllables and read them aloud.

b   p   m   f

ù   ǐ   ā   ó   ǔ   í   ǒ   á

参考聆听稿：bù、mǒ、fó、pǔ、bǐ、fá、mā、pí

Consonants 声母 (2)

1 Learn the consonants and spell the Pinyin syllables on the building blocks. 注意区分d和t的发音，其中t发音时嘴巴有气流出来，而d没有。

d　dé 德　　d é → d é

t　tè 特　　t è → t è

n　ne 呢　　n e → n e

l　lè 乐　　l è → l è

2 Listen carefully. Circle the correct Pinyin syllables.

聆听稿：1 tè　2 nà　3 dí　4 lǚ　5 nǚ

1	dè	(tè)	nè	lè
2	dà	tà	(nà)	là
3	(dí)	tí	ní	lí
4	dǔ	tǔ	nǔ	(lǚ)
5	mǔ	fǔ	(nǚ)	lǚ

Consonants 声母 (3)

08 **1** Learn the consonants and spell the Pinyin syllables on the building blocks. 注意区分 g 和 k 的发音，其中 k 发音时嘴巴有气流出来，而 g 没有。

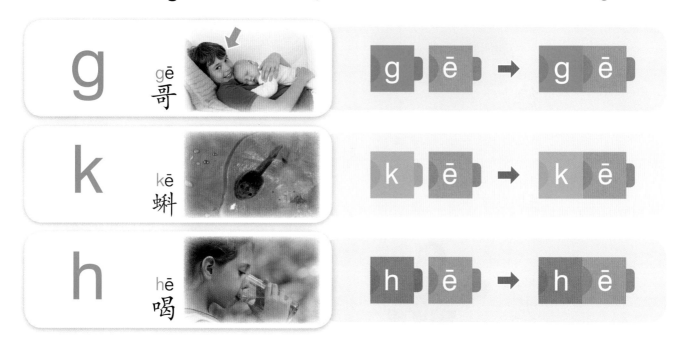

g	gē 哥	g + ē → gē
k	kē 蝌	k + ē → kē
h	hē 喝	h + ē → hē

09 **2** Listen carefully. Number the penguins. 提醒学生可先根据听到的音节确定是哪个声母，缩小范围，然后选择正确的拼音。

pí 6

nǔ 2

là 1

hū 8

gà 7

hā 3

gǔ 9

bō 4

kě 10

fà 5

kù 11

聆听稿：1 là　2 nǔ　3 hā　4 bō　5 fà　6 pí　7 gà　8 hū　9 gǔ　10 kě　11 kù

Consonants 声母 (4)

1 Learn the consonants and spell the Pinyin syllables on the building blocks. 注意区分 j 和 q 的发音，其中 q 发音时嘴巴有气流出来，而 j 没有。

2 Learn the special rules.

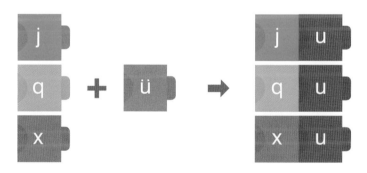

Abracadabra! When *ü* meets *j*, *q* and *x*, it becomes *u*, but its pronunciation doesn't change.

声母 j、q、x 不能与韵母 u 拼读，所以这三个声母后面的 u 其实都是去掉两点的 ü。

3 Listen to your teacher, repeat the Pinyin syllables and draw lines to help the caterpillar find its food.

参考路径：jī、jí、qí、qǐ、xǐ、xì、xū、qū、jū、jú、jǔ、qǔ、xǔ、xù

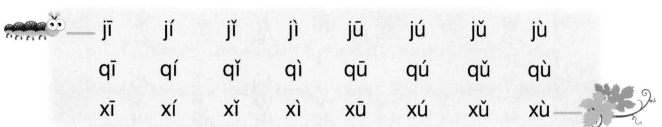

jī	jí	jǐ	jì	jū	jú	jǔ	jù
qī	qí	qǐ	qì	qū	qú	qǔ	qù
xī	xí	xǐ	xì	xū	xú	xǔ	xù

Consonants 声母 (5)

zhi、chi、shi、ri是整体认读音节，应该直接整体读出，不能拆开拼读。声母 zh、ch、sh、r 与整体认读音节 zhi、chi、shi、ri 发音相同，只是整体认读音节要读得长一些。注意区分 ch 和 zh 的发音，其中 ch 发音时嘴巴有气流出来，而 zh 没有。

 1 Learn the consonants and read the Pinyin syllables on the building blocks.

 These four syllables are whole syllables. They are not spelt with separate consonants and vowels.

zh — zhī 枝 — zhī

ch — chī 吃 — chī

sh — shī 狮 — shī

r — rì 日 — rì

 2 Listen carefully. Circle the correct Pinyin syllables.

聆听稿：1 chā 2 zhè 3 shì 4 shǔ

1	zhā	(chā)	shā	hā
2	(zhè)	chè	shè	rè
3	zhì	chì	(shì)	rì
4	zhǔ	chǔ	(shǔ)	rǔ

Consonants 声母 (6)

zi、ci、si 也是整体认读音节。注意区分 zh、ch、sh 发音时舌头要卷起来，而 z、c、s 不用卷。注意区分 c 和 z 的发音，其中 c 发音时嘴巴有气流出来，而 z 没有。

14 **1** Learn the consonants and read the Pinyin syllables on the building blocks.

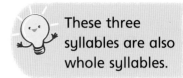
These three syllables are also whole syllables.

15 **2** Listen carefully. Circle the correct carriages.

聆听稿：1 zī zhī 2 zhè cè 3 cù shú

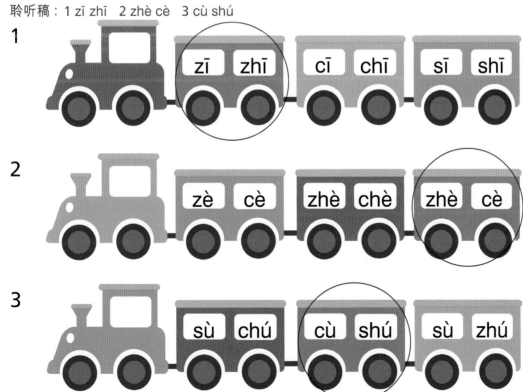

Compound vowels 复韵母 (1)

复韵母由两个或三个韵母组成。

 1 Learn the compound vowels and read them in the different tones.

这三个复韵母均由元音组成，又叫复元音韵母。

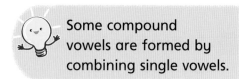 Some compound vowels are formed by combining single vowels.

ai ǎi 矮

āi ái ǎi ài

ei ēi 欸

ēi éi ěi èi

ui 的完整写法是 uei。由于 uei 和声母相拼时，e 在 uei 中发音并不明显，有"丢音"现象，所以为了方便，将 uei 写成 ui。但是 uei 自成音节时，不可省略 e，而把 u 写成 w。

ui wèi 喂

uī uí uǐ uì

 The vowel *ui* has the same sound as the syllable *wei*.

2 Play with your friend. Read the Pinyin syllables on your path as you move forward.

学生两人一组，互相监督，发音正确才可进行下一步，比比哪一组说得又快又好。

Compound vowels 复韵母 (2)

1 Learn the compound vowels and read them in the different tones.

这些也是复元音韵母。

ao āo 凹		**āo áo ǎo ào**
ou ōu 鸥		**ōu óu ǒu òu**
iu yōu 优		**iū iú iǔ iù**

The vowel *iu* has the same sound as the syllable *you*.

iu 的完整写法是 iou。由于 iou 和声母相拼时，o 在 iou 中发音并不明显，有"丢音"现象，所以为了方便，将 iou 写成 iu。但是 iou 自成音节时，不可省略 o，而把 i 写成 y。

2 Circle the Pinyin syllables with *ao*, *ou* and *iu*. Read them aloud.

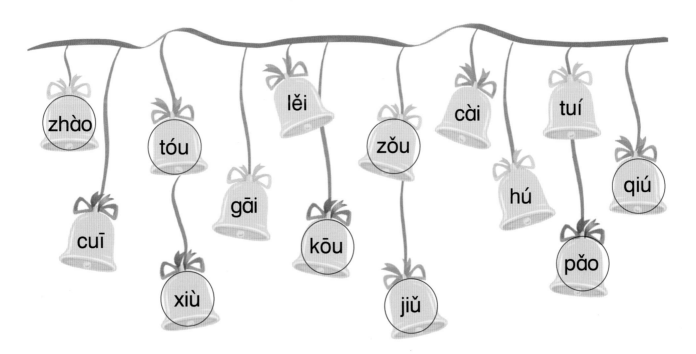

zhào tóu lěi zǒu cài tuí

cuī gāi kōu hú pǎo qiú

xiù jiǔ

Compound vowels 复韵母 (3)

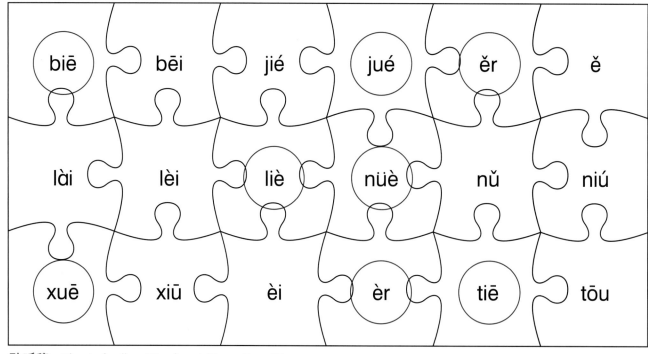

18 **1** Learn the compound vowels and read them in the different tones.

> The vowel *ie* has the same sound as the whole syllable *ye*.

> The vowel *üe* has the same sound as the whole syllable *yue*.

ie yē 椰	iē ié iě iè
üe yuè 月	üē üé üě üè
er èr 二	ēr ér ěr èr

19 **2** Listen, repeat the Pinyin syllables and colour the puzzle pieces blue. 圈出的为答案，需涂色。

biē	bēi	jié	jué	ěr	ě
lài	lèi	liè	nüè	nǔ	niú
xuē	xiū	èi	èr	tiē	tōu

聆听稿：liè、jué、ěr、tiē、èr、biē、xuē、nüè

Compound vowels 复韵母 (4)

1 Learn the compound vowels and read them in the different tones.

这些是带鼻音（前鼻音）的复韵母。

an   àn 岸   ān án ǎn àn

en   èn 摁   ēn én ěn èn
"摁"是一个比较口语化的表达，即"按"。

in   yīn 音   īn ín ǐn ìn

The vowel *in* has the same sound as the whole syllable *yin*.

2 Which Pinyin syllables have the vowels on the animals? Draw lines to link them and help the animals find their friends. Read the Pinyin syllables on the paths.

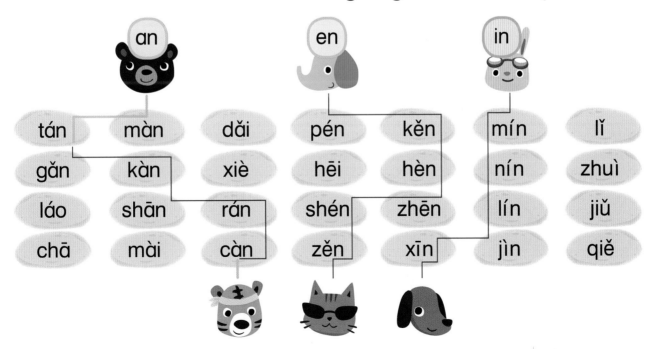

an   en   in

tán	màn	dǎi	pén	kěn	mín	lǐ
gǎn	kàn	xiè	hēi	hèn	nín	zhuì
láo	shān	rán	shén	zhēn	lín	jiǔ
chā	mài	càn	zěn	xīn	jìn	qiě

Compound vowels 复韵母 (5)

un 的完整写法是 uen。由于 uen 和声母相拼时，e 在 uen 中发音并不明显，有"丢音"现象，所以为了方便，将 uen 写成 un。但是 uen 自成音节时，不可省略 e，而把 u 写成 w。

1 Learn the compound vowels and read them in the different tones.

这些也是带鼻音（前鼻音）的复韵母。

The vowel *un* has the same sound as the syllable *wen*.

un wēn 温

ūn ún ǔn ùn

ün yūn 晕

ūn ún ǔn ùn

2 Listen, repeat the Pinyin syllables and colour the shapes. Then count and write the numbers.

聆听稿：zūn、sǔn、gǔn、xùn、qūn、chún、zhǔn、jú、què、kùn、dūn、jùn、lún、shùn

rùn / (shùn)	huī	(jùn)	(zūn) / cún
(qūn) / tún	(dūn)	(chún) / (zhǔn)	tǔ
(xùn) / (lún) / (gǔn)		hūn / nǚ	(jú)
(sǔn) / shōu / zhú		(què)	jiǔ / (kùn)

左侧圈出的为答案，需要涂色。其中涂色的方框内的 u 其实是去掉两点的 ü，而涂色的三角形内的 u 即本身。

Coloured squares: ___5___

Coloured triangles: ___9___

Compound vowels 复韵母 (6)

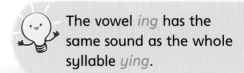

The vowel *ing* has the same sound as the whole syllable *ying*.

1 Learn the compound vowels and read them in the different tones.

这些是带鼻音（后鼻音）的复韵母。

ang fāng 方

āng áng ǎng àng

eng dēng 灯

ēng éng ěng èng

ing yīng 鹰

īng íng ǐng ìng

ong zhōng 钟

ōng óng ǒng òng

2 Listen carefully. Circle the correct Pinyin syllables.

聆听稿：1 dāng 2 zhèn 3 jìng 4 tǒng

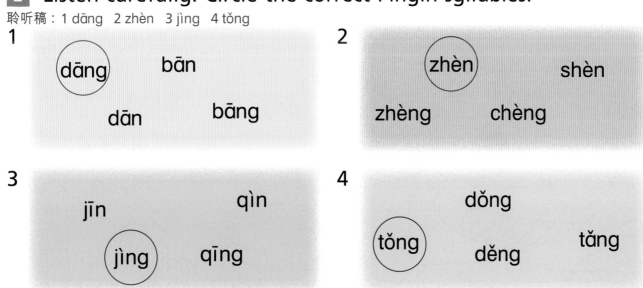

1

(dāng)   bān
   dān   bāng

2

(zhèn)   shèn
zhèng   chèng

3

jīn   qìn
(jìng)   qīng

4

   dǒng
(tǒng)   tǎng
     děng

Consonants 声母 (7)

25 **1** Learn the consonants and read the Pinyin syllables on the building blocks.

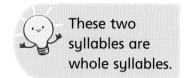

These two syllables are whole syllables.

这两个是整体认读音节。

26 **2** Learn the special rules.

When *ü* meets *y*, it becomes *u*, but its pronunciation doesn't change.

若 ü 前面没有声母，则两点要省略，写成 yu、yue 和 yun。

27 **3** Listen, repeat and join the Pinyin syllables to complete the animal.

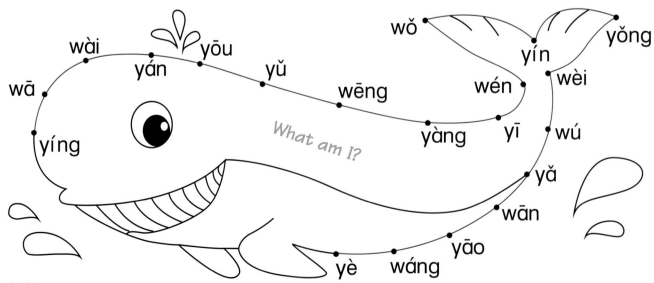

wǒ yǒng wài yōu yín yǔ wèi yán wēng wén wā yàng yī wú yíng yǎ wān yāo yè wáng

What am I?

聆听稿：yíng、wā、wài、yán、yōu、yǔ、wēng、yàng、yī、wén、wǒ、yín、yǒng、wèi、wú、yǎ、wān、yāo、wáng、yè

Pronunciation rules 拼读规则

 1 Some Pinyin syllables are made up of a consonant and a vowel. Look, listen and repeat.

Consonant + Vowel → Syllable

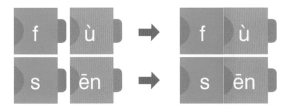

> We've already learnt this combination. Remember to pronounce the consonant quickly and lightly, and also stress the vowel.

 2 Some Pinyin syllables have a single vowel *i*, *u* or *ü* as a middle vowel between the consonant and the final vowel. Look, listen and repeat.

Consonant + Middle vowel + Final vowel → Syllable

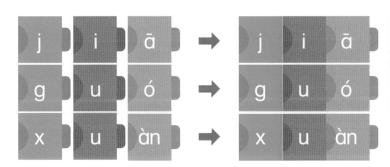

> Pronounce the consonant lightly and the middle vowel quickly, and stress the final vowel. Say the whole syllable without pauses in between.

3 Listen carefully. Circle the correct Pinyin syllables. Then repeat all the Pinyin syllables after your teacher.

聆听稿：1 lán 2 huā 3 shuò 4 miǎo 5 xiōng 6 juǎn

1 láo	liáo	(lán)	lián
2 (huā)	huāi	huān	huāng
3 shà	shuài	shàn	(shuò)
4 mǎo	(miǎo)	mǎn	miǎn
5 xiā	xiāo	xiān	(xiōng)
6 jiǎn	jiǎng	(juǎn)	jiǒng

Whole syllables 整体认读音节

🎧 **30** Listen and repeat the 16 whole syllables. Remember that they are not spelt with separate consonants and vowels.

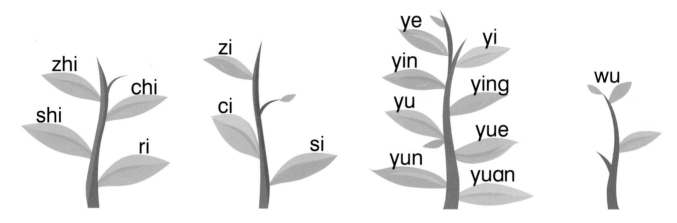

Position of the tone marks 声调位置

🎧 **31** Learn the position of the tone marks. Say the chant and look at the Pinyin syllables. 学生一边学习标调规则，一边结合下方的音节加深理解。说唱完后，老师可写一些其他音节，让学生根据规则来标声调。

a, o, e, i, u, ü,
Tone marks sit on these six letters.
i, u, ü, a, o, e,
First look for vowel *a*.
When vowel *a* is not there,
You should go for *o* or *e*.
If vowel *i* meets *u*,
The last letter takes the mark.

即有 a 标在 a 上，无 a 则找 o、e；若碰到 i、e，则并列标在后面的韵母上。

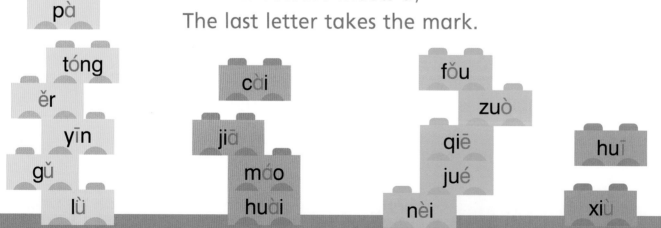

The 'r' sound 儿化音

er 即儿化音原本的读法，跟在其他韵母之后为 r，与前一个音节融合成一个音节。

32 Learn the 'r' sound and repeat after the recording.

huā   huār

花 → 花儿

Sometimes, we add the suffix 儿 to a word in spoken Chinese. This changes the sound of the word.

In *huār*, the vowel *uā* combines with *r* to form a new sound.

zǐ
↓
zǐr

niǎo
↓
niǎor

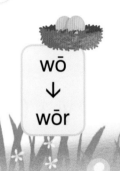

wō
↓
wōr

Syllable-dividing mark(') 隔音符号

33 Some Pinyin syllables have the same letter combination, but they sound differently. How can we tell them apart? Learn the syllable-dividing mark and repeat after the recording.

piǎo

pí'ǎo

To avoid confusion, we use the mark (') to divide two syllables when the second one starts with *a*, *o* or *e*.

shēngōu

yuē

shēng'ǒu

yú'é

Tone changes 变调 变调是汉语音节处于动态的语言环境中所产生的变化。

In some cases, the tone of a character will change to a different one in spoken Chinese, although it is not shown in standard Pinyin. Learn the rules for tone changes.

1 Rules for yī 一 (one)

yī + (-) → yì + (-)	yī tiān → yì tiān 一天 (one day)
yī + (ˊ) → yì + (ˊ)	yī zhí → yì zhí 一直 (always)
yī + (ˇ) → yì + (ˇ)	yī qǐ → yì qǐ 一起 (together)
yī + (ˋ) → yí + (ˋ)	yī bàn → yí bàn 一半 (half)

When 一 is followed by a character carrying the first, second or third tone, 一 changes to the fourth tone.

When 一 is followed by a character carrying the fourth tone, 一 changes to the second tone.

2 Rule for bù 不 (no)

| bù + (ˋ) → bú + (ˋ) | bù duì → bú duì
不对 (incorrect) |

When 不 is followed by a character carrying the fourth tone, 不 changes to the second tone.

3 Rule for the third tone (ˇ)

| (ˇ) + (ˇ) → (ˊ) + (ˇ) | xiǎo niǎo → xiáo niǎo
小鸟 (bird) |

When two characters carrying the third tone are put together, the tone of the first character changes to the second tone.

Revision 复习

1 Read the Pinyin letters. Colour the boxes with consonants purple and the ones with vowels green.

绿色	绿色	绿色	绿色	紫色	紫色	紫色	绿色	紫色
a	o	i	ie	h	l	r	ong	j
f	üe	p	k	e	er	x	c	un
紫色	绿色	紫色	紫色	绿色	绿色	紫色	紫色	绿色

2 Read the Pinyin syllables and colour the decorations.

提醒学生注意声调在语流中的变化，并在朗读的过程中体会汉语的音律之美。

3 Read the sentences. Then repeat after the recording.

35

1
Jīn tiān xià le yī diǎnr yǔ
今天下了一点儿雨。 注意"了"的轻声、"一"的变调，以及"一点儿"的儿化音。

2
Xiǎo gǒu bù jiàn le   Tā qù nǎr le
小狗不见了。它去哪儿了？ 注意"小"和"不"的变调、"哪儿"的儿化音，以及"了"的轻声。

3
Wǒ yǒu yī gè jiě jie
我有一个姐姐。 注意"我"和"一"的变调，以及"姐姐"的轻声。

OXFORD
UNIVERSITY PRESS

Oxford University Press is a department of the University of Oxford.
It furthers the University's objective of excellence in research, scholarship,
and education by publishing worldwide. Oxford is a registered trade mark of
Oxford University Press in the UK and in certain other countries

Published in Hong Kong by
Oxford University Press (China) Limited
39th Floor, One Kowloon, 1 Wang Yuen Street, Kowloon Bay,
Hong Kong

© Oxford University Press (China) Limited 2017

The moral rights of the author have been asserted

First Edition published in 2017

Photographs for reproduction permitted by Dreamstime.com

China National Publications Import & Export (Group) Corporation is an authorized distributor of
Oxford Elementary Chinese.

Please contact content@cnpiec.com.cn or 86-10-65856782

ISBN: 978-0-19-082363-4

10 9 8 7 6 5 4 3

Teacher's Edition
ISBN: 978-0-19-082366-5

10 9 8 7 6 5 4 3 2